Ägypten
lieben lernen

Der perfekte Reiseführer für einen unvergesslichen Aufenthalt in Ägypten inkl. Insider-Tipps und Packliste

Celina Klostermann

✈ INHALT

Das erwartet Sie in diesem Buch

Ich möchte hier einen Eindruck von einem Land vermitteln, welches ich in den letzten Jahren besonders schätzen und lieben gelernt habe, welches so gut wie immer mit Sonne und Wärme lockt, wo es so vieles zu entdecken und anzuschauen gibt und wo außerdem noch eine wunderschöne und vielfältige Unterwasserwelt geboten wird.

Mir geht es vor allem darum, die Sicht auf Land und Leute zu verändern, neugierig auf diese zu machen und Sie trotz Vorurteilen oder negativer

Berichte dazu zu bringen, einmal dorthin reisen zu wollen.

Ägypten hat einiges zu bieten. Ob Sie sich für Kultur interessieren, neue kulinarische Genüsse ausprobieren möchten oder einfach nur am Strand die Seele baumeln lassen wollen – hier kommt jede Vorliebe auf ihre Kosten. Lassen Sie sich inspirieren, Ihren nächsten Urlaub am Roten Meer zu verbringen.

Tauchen Sie ein in das bunte Gemisch aus Fischen, Korallen, Delfinen und etlicher anderer Meeresbewohner, die hier Zuhause sind. Ein Schnorchelausflug ist ein absolutes Muss und vielleicht lässt sich danach der eine oder andere sogar noch zu einem Schnuppertauchtag hinreißen.

Erfahrungsgemäß kann ich behaupten, dass es beim Schnuppertauchen oft nicht bleibt. Ein paar Tauchtage werden auch von mir in jedem Urlaub von vornherein mit eingeplant.

Selbst wenn es Sie nicht in die Tiefe ziehen sollte, so kann selbst ein Tag auf dem Boot zu einem unvergesslichen Erlebnis werden.

Welcher Ausflug oder welches Besichtigungsziel am besten zu Ihnen passen könnte oder zu welcher Jahreszeit Sie am ehesten verreisen sollten, müssen

Sie letztendlich selbst entscheiden. Aber vielleicht helfen meine Erfahrungen und Berichte Ihnen bei Ihrer Wahl.

Ich werde Ihnen hier einiges über den Urlaubsort Hurghada, das Rote Meer und über einige Orte mehr erzählen. Sie werden erfahren, wo Sie besonders gut essen gehen können, was Sie auf keinen Fall verpassen oder auf jeden Fall vermeiden sollten.

Wagen Sie einen Trip in die Hauptstadt und lassen Sie sich mitreißen von der Allgegenwärtigkeit der uralten Geschichte, die überall noch präsent ist, aber auch von anderen Attraktionen, die dort angeboten werden.

Erweitern Sie Ihren Horizont und machen Sie sich mit einem Land vertraut, von dem Sie nie erwarten würden, dass es so ist, wie es ist!

Der Reiz an Ägypten

Für die meisten ist anfangs der Reisepreis ausschlaggebend! Wenn man sich einmal ansieht, was man tatsächlich nur für eine beispielsweise 14-tägige Pauschalreise bezahlt, ist das schon ein hieb- und stichfestes Argument. Dazu kommt nur noch ein kleines Taschengeld, das ein oder andere Trinkgeld und mehr braucht es doch gar nicht, oder?

Nun, jeder hat andere Bedürfnisse und Ansprüche an seinen Urlaub, während der eine am liebsten den ganzen Tag faul in der Sonne brät und an seinem Teint arbeitet, möchte der andere etwas vom Land sehen und viel erleben, neue Sitten und Bräuche kennenlernen und mit einer Erweiterung seines Horizontes zurück nach Hause fahren.

Ist man an keine Ferienzeiten gebunden und könnte, rein theoretisch, das ganze Jahr über verreisen, so macht es Sinn, einfach zuzuschlagen, sobald Sie ein für sich unschlagbar tolles und preisgünstiges Angebot erblicken. Ob es sich dabei dann um den Januar oder einen anderen Monat handelt, ist im Hinblick auf die Sonne egal, da diese das ganze Jahr über scheint und man die Regentage pro Monat an einer Hand abzählen kann (wenn es überhaupt so viele sind). Ein paar Vor- und Nachteile gibt es die einzelnen Monate betreffend aber doch; wichtig könnte das für die besonders Kälte- oder Hitzeempfindlichen sein.

Sind Sie ein Wärmefanatiker, dem es gar nicht heiß genug sein kann, der grundsätzlich nicht schnell schwitzt oder der den lieben langen Tag in der Sonne brutzeln kann?

Dann empfehle ich Ihnen einen Reisezeitraum von Mitte/Ende April bis Oktober. Mit

Temperaturen von ungefähr 35 Grad und dezentem Wind hält man es in der trockenen Luft gut aus. In den besonders heißen Monaten Juli und August ist aber Vorsicht geboten. Die Temperaturen steigen dann schon einmal locker auf weit über 40 Grad und bringen manch Urlauber an seine Grenzen. Tagesausflüge in Städte oder dorthin, wo Sie sich die meiste Zeit über bewegen, sollten Sie lieber unterlassen.

Auch in Ägypten herrscht Winter, wenn auch etwas anders, als wir ihn kennen.

Im Januar, mit einer Durchschnittstemperatur von 18-20 Grad und zum Teil kräftigem, kühlen Wind, sieht man die Ägypter in Pelzjacken und Mützen auf den Straßen. Zwar scheint die Sonne tagsüber um die 8 Stunden, doch schnell wird es kalt, sobald sie verschwunden ist. Nachts kann es da schon einmal auf 10 Grad heruntergehen, denken Sie also bitte an Jacke, lange Hosen und festes oder zumindest warmes Schuhwerk. Die Wassertemperaturen im Roten Meer pendeln zwischen 20 und 22 Grad, die Bezeichnung „perfektes Badewetter" trifft es also nicht wirklich. Glücklicherweise besitzen viele Hotels einen beheizbaren Pool.

Da es am Abend und besonders in der Nacht alles andere als gemütlich draußen ist, werden einige Bars, gerade an Strand und Pool, die normalerweise bis in den späten Abend geöffnet haben, früh geschlossen, da sich sowieso niemand mehr dort aufhält.

Um Tagesausflüge und Besichtigungstouren durchzuführen, bieten sich somit die etwas weniger warmen Monate an. November bis März sind dafür am besten geeignet.

Aber Ägypten hat noch einiges mehr auf dem Kasten. Wenn Sie sich also auch ein bisschen mit der Kultur der Menschen und deren Lebensweise befassen möchten, typisch ägyptisches Essen kennenlernen und die Stadt von innen sehen wollen – nicht nur vom Transferbus aus auf dem Weg zum Hotel und zum Flughafen zurück –, dann wagen Sie den Schritt aus der Hotelanlage hinaus und gönnen Sie sich einen Abend (oder einen Nachmittag) jenseits des internationalen Essens im Hotel und dem allabendlichen Animationsprogramm.

Wissenswertes über…

…HURGHADA

Direkt am Roten Meer, circa 460 km von der Hauptstadt Kairo entfernt, liegt der Urlaubsort Hurghada. Er erstreckt sich über 40 km, beginnend kurz nach der relativ neu erbauten Lagunenstadt El Gouna, und reicht bis hin zur Soma Bay hinaus.

Angefangen als kleiner Fischerort, in dem sich immer mehr Menschen angesiedelt haben, nachdem Anfang des 20.Jahrhunderts hier Erdöl entdeckt wurde, hat sich Hurghada um 1980 beginnend zum größten Tourismusziel für Massen von Urlaubern entwickelt. Im Moment wird die Einwohnerzahl von Hurghada auf über 200.000 geschätzt – das ist ein rasanter Anstieg in den letzten Jahrzehnten.

Viele Rentner, aber auch Auswanderer haben Hurghada mittlerweile zu ihrer neuen Wahlheimat bestimmt. In schicken, neuen Wohnungen mit eigenem Pool und Sicherheitsdienst in der Anlage lässt es sich das ganze Jahr über gut leben. Man kann seit geraumer Zeit beobachten, wie die neuen Wohnkomplexe wie Pilze aus dem Boden schießen, ein Ende ist weitestgehend noch nicht erreicht.

Hurghada besteht aus mehreren Stadtteilen, wobei eigentlich nur ein paar wenige die Interessanten sind. Ad-Dahar und As-Siqala (kurz Dahar und Sekalla genannt) gehören dazu. Die typische Altstadt Hurghadas, der eigentliche Ortskern, befindet sich in Dahar. Abends kann man hier noch einheimisches Leben beobachten, nicht wie im neueren, sich an Dahar anschließenden Sekalla, wo es von Touristen wimmelt.

An Sekalla schließt sich Neu-Hurghada an. Dieser Teil besteht fast ausschließlich aus Hotels, allerdings aus sehr schönen und teils luxuriösen Anlagen. Wer also einen gewissen Standard pflegt, wird sich dort vermutlich am ehesten wohlfühlen.

Der Verkehr in der Stadt ist ein wildes und hupendes Knäuel aus Blech, eine belebte Straße zu überqueren kann da schon einmal schnell zum echten Abenteuer werden. Glauben Sie nicht, dass es so etwas wie Fußgängerüberwege oder Zebrastreifen gibt. Komischerweise lassen sich Unfälle oder Personenschäden so gut wie nie beobachten.

Gefühlt jedes zweite Auto auf der Straße ist ein Taxi. Wo Sie auch gehen und stehen, ständig hält ein Fahrer neben Ihnen und wird Sie fragen, ob Sie ein Taxi brauchen.

Auf die unterschiedlichen Arten, sich von A nach B fortzubewegen, wird weiter unten näher eingegangen.

... DAS ROTE MEER

Wissen Sie eigentlich, wie viele Länder am Roten Meer angrenzen? Oder wie tief und lang es überhaupt ist? Und dass der Salzgehalt höher ist als in anderen Meeren?

Wir schwimmen, tauchen und schnorcheln darin, segeln darüber oder knipsen unzählige Fotos mit einem einmaligen Sonnenaufgang, aber nur wenige interessieren sich für seine Beschaffenheit.

Insgesamt acht Länder umgeben das Rote Meer. Das ist eine hohe Anzahl dafür, dass es „nur" 2240 km lang und 355 km breit ist. An der tiefsten Stelle wurden bisher 3040 m gemessen, durchschnittlich liegt die Tiefe aber bei 538 m, da das Rote Meer im Westen wesentlich flacher ist als im Osten. Zu den westlich angrenzenden Ländern gehören neben Ägypten der Sudan, Eritrea und Dschibuti, östlich zählen Israel, Jordanien, Saudi-Arabien und der Jemen dazu.

Die Namensgebung des Meeres ist umstritten. Während der eine vermutet, dass es sich aus dem früheren Begriff „Eritreisches Meer" ableitet (griechisch: erithros = rot), so denkt der andere, dass das Gewässer nach seiner südlichen Lage benannt wurde, da die Menschen in der Antike Farben für die Himmelsrichtungen verwendeten und der Süden demnach rot war.

Eine andere Theorie könnte mit der Blaualge zu tun haben. Diese treibt zu bestimmten Zeiten rot an der Wasseroberfläche und lässt das Gewässer demnach rötlich erscheinen.

Bisher konnte aber nichts davon wissenschaftlich belegt werden.

Durch die Fertigstellung des Sueskanals Mitte des 19. Jahrhunderts wurde das Rote Meer dann auch für die Schifffahrt vereinfacht, spart man sich doch durch die Passage in 14 Tagen und nach 163 km den Umweg über die südliche Spitze Afrikas. Das Rote Meer war von jeher eine wichtige Handelsroute für beispielsweise Gewürze aus Indien, die mit dem Schiff gebracht und damals, vor dem Bau des Sueskanals, über das Land zum Mittelmeer weitertransportiert wurden.

Der Fischreichtum und die Artenvielfalt der Meeresbewohner erklärt sich durch den erhöhten Salzgehalt des Wassers (dieser liegt 0,7 % höher als in anderen Meeren, nämlich bei 4,2 %), durch die natürliche Verbindung im Süden zum indischen Ozean und im Norden mit der künstlichen Wasserstraße zum Mittelmeer und durch die speziellen Strömungsverhältnisse. Auch die warme Temperatur des Wassers wirkt sich vorteilhaft darauf aus.

Zusätzlich zu den kunterbunten Fischschwärmen lassen sich unter anderem auch Delfine, Oktopusse, Moränen, Schildkröten und einige Arten von Haien beobachten.

Etwas mehr Aufmerksamkeit sollte man dem Schutz der Umwelt widmen, denn betrachtet man diese genauer, so hat sie durch die hohe Anzahl an Tauchern pro Jahr extrem gelitten. Durch Unachtsamkeit, Unerfahrenheit, aber auch durch Mangel an Umweltbewusstsein sind viele Korallen und Riffe zu Schaden gekommen, die nun durch Tauchverbotszonen oder Zusatzkosten bei Tauchtouren geschont werden sollen.

Jeder Wasseraktivist sollte sorgsam auf seine Umgebung achten, wohin er mit seinen Flossen schlägt und was er berührt. Auch die Tiere unter Wasser sollten niemals berührt werden, zumal einige davon giftig oder gefährlich sind – zum eigenen Schutz, aber auch zum Schutz für Umwelt und andere Lebewesen. Korallen wachsen sehr langsam und brauchen lange, bis sie abgebrochene Arme wieder ersetzt haben. Außerdem sind sie äußerst wichtig für das ganze ökologische Gleichgewicht, was durch Umweltschäden und Überfischung bereits erheblich gelitten hat.

Wenn man diese Punkte berücksichtigt und mit bestem Wissen und Gewissen Flora und Fauna behandelt, trägt jeder ein kleines bisschen zu einer gesünderen Welt bei.

... EL GOUNA

Im Norden von Hurghada, etwa 22 km vom Stadtkern entfernt, liegt die Lagunenstadt El Gouna. Wie der Name schon sagt, wird sie von etlichen Kanälen und Wasserstraßen durchzogen und ist auch unter dem Namen „ägyptisches Venedig" bekannt.

Erst um 1990 wurde sie gegründet und erbaut und gilt als die sicherste Stadt Ägyptens.

Denn hier darf nicht jeder hinein. Umgeben wird El Gouna nämlich durch kontrollierte Einfahrten in die Stadt. Nur Taxen mit Genehmigungen, Shuttlebussen für die Hotelgäste, Anwohnern und einigen wenigen mehr ist die Durchfahrt gestattet.

Wer es typisch touristisch kombiniert, mit nubischem und modernem Stil in schicker, gepflegter Atmosphäre und grünem, gesprengtem Rasen mag, wird hier definitiv nicht enttäuscht werden.

Natürlich bietet El Gouna alles vor Ort, was das touristische Herz begehrt: Bars, Restaurants und Cafés sowie Supermärkte, Apotheke,

Spirituosengeschäft, Krankenhaus, Zahnarzt und ein wirklich kleiner, romantischer Basar im Hinterhof. Egal, wo Sie sich hinbewegen, es führt kein Weg an Stegen, Brücken und anderen Überwegen vorbei.

El Gouna verfügt auch über einen eigenen Hafen und zwei schicke Yachthäfen, an denen Sie gemütlich abends bei Bier und Burger sitzen und neidvoll auf die edlen Yachten schauen können.

Einige sehr gute Tauchschulen sind hier ebenfalls vorhanden. Die Tauchfahrten starten logischerweise direkt aus El Gouna.

Sie als Tourist können selbstverständlich problemlos einen Tages- oder Nachmittagsausflug in den Ort planen, Sie benötigen lediglich einen Fahrer mit Lizenz. Die Hotelrezeption kann in den meisten Fällen mit dem hoteleigenen Fahrdienst helfen. Fragen Sie einfach nach.

... MARSA ALAM

Ungefähr 270 km südlich von Hurghada liegt das Städtchen Marsa Alam. In den letzten Jahrzehnten ist es mit zu den beliebtesten Zielen Ägyptens gewachsen. Mit seinem eigenen Flughafen und mit Tauchplätzen, die so unglaublich schön und unberührt sind, dass selbst Hurghada nicht mehr mitkommt, zieht es immer mehr Urlauber an.

Hier lassen sich nicht selten Schildkröten beobachten, aber es kann auch passieren, dass Ihnen ein Hai oder eine Seekuh vor die Taucherbrille schwimmt.

In der Nähe von Marsa Alam liegen zwei Nationalparks, wobei einer davon erst in der jüngeren Vergangenheit für den Tourismus wieder freigegeben worden ist.

Der Wadi al-Gimal Nationalpark umfasst sowohl Wasser als auch Landregionen, die in die Wüste bis zum Gebirge reichen. Um die einzigartige Flora und Fauna sowie historische Plätze zu besichtigen, bedarf es eines Rangers, ohne den der Zutritt nicht gestattet ist. Auch Autos oder andere Fahrzeuge sind nicht erlaubt.

Im Roten Meer, im Naturpark gelegen, ist

zusätzlich ein Wrack für Taucher freigegeben, welches es beim Tauchen in etwa 10-18 m Tiefe zu bestaunen gibt.

Der zweite von insgesamt drei in Ägypten befindlichen Nationalpark ist der Gebel-Elba-Park, der für den Tourismus freigegeben wurde.

Einer der bekanntesten Strände in Marsa Alam ist der Marsa Murena. An seiner Bucht lassen sich Meeresschildkröten, Dugongs (Seekühe) und auch Delfine beobachten.

Was Sie vorab wissen sollten

DIE EINREISE IN ÄGYPTEN

Sie müssen wissen, dass bei der Einreise in Ägypten ein Visum verlangt wird, auch wenn Sie nur für eine Woche verreisen. Mittlerweile geht die Beantragung zwar auch online, ich empfehle aber, das Visum direkt nach Ankunft am Flughafen zu erwerben, und zwar nicht beim Reiseveranstalter, sondern bei den offiziellen Bankschaltern. Dort kann man einige Euros sparen. Diese befinden sich in unmittelbarer Nähe der Reiseveranstalterschalter. Lassen Sie sich nicht mit Rufen der Veranstalter locken, es ist keine Pflicht, das Visum dort zu kaufen. Jedoch sollten Sie sich anmelden, damit der Transfer vorm Flughafen auch auf Sie wartet, sollte es bei der Kofferausgabe einmal etwas länger dauern (und das passiert durchaus öfters). Sollten Sie Ihre Urlaubsreise nicht pauschal gebucht haben, entfällt dieser Hinweis natürlich. Dann gehen Sie, nachdem Sie Ihr Visum erworben haben, direkt durch die Passkontrolle.

Wichtig ist noch, zu erwähnen, dass Sie auch mit dem Personalausweis einreisen dürfen. Dieser muss bei Einreise mindestens noch ein halbes Jahr gültig sein (gilt auch für den Reisepass). Und denken Sie unbedingt an zwei Passfotos! Diese werden benötigt, um Ihnen ein Einreisedokument zu erstellen, dort wird auch das Visum und das Foto angebracht. Meistens wird aber schon in Deutschland erfragt, ob Sie an Ihre Bilder gedacht haben. Ansonsten werden Sie vermutlich nicht in Ägypten einreisen dürfen.

Im Normalfall wird das Visum in den Reisepass geklebt.

Nachdem Sie Ihren Koffer (hoffentlich unbeschadet) nun in Empfang genommen haben und auf direktem Weg durch das Flughafengebäude nach draußen gehen, kann ich Ihnen noch raten, sich eine

Handy-Karte zu besorgen (sollten Sie in Ihrem Tarif kein Auslandpaket buchen können). Kurz vorm Ausgang haben Sie die Möglichkeit dazu, sich für Orange oder Vodafone zu entscheiden. Beide Anbieter funktionieren gut, die Kosten liegen bei etwa 9 Euro für 8 GB. Erfahrungsgemäß hat man etwas weniger zur Verfügung, aber in Bezug auf das Datenvolumen reicht es trotzdem völlig aus. Die Karte wird Ihnen vor Ort eingelegt und sofort aktiviert.

Das Internet in den Hotellobbys ist nicht besonders schnell, erst recht nicht, wenn das halbe Hotel zugegen ist und versucht, Kontakt mit den Angehörigen aufzunehmen. Urlaubsbilder zu verschicken, könnte unter Umständen etwas länger dauern beziehungsweise gar nicht klappen und für Frust sorgen. Seien Sie sich dessen bewusst!

Vorab einen kleinen Wortschatz an Englisch zu besitzen, ist ebenfalls ratsam. An den Rezeptionen der Hotels wird zwar mittlerweile fast überall auch deutsch gesprochen, aber sich darauf zu verlassen, ist mutig. Auch außerhalb der Unterkünfte müssen Sie damit rechnen, dass sich lediglich in Englisch verständigt werden muss, da wahrscheinlich niemand von Ihnen die arabische Sprache beherrscht, denn das ist die offizielle Amtssprache hier in Ägypten.

IHRE UNTERKUNFT IN HURGHADA

Das passende Hotel zu finden, ist gar nicht so einfach. Wenn Sie zum ersten Mal nach Hurghada reisen, können Sie sich nur auf Bilder und Bewertungen anderer Touristen verlassen. Idealerweise kennen Sie jemanden, der Ihnen ein bestimmtes Hotel empfehlen kann.

Falls Sie sich an Bewertungsportalen orientieren, achten Sie darauf, wer bewertet. Ein Rentnerehepaar bewertet das Abendprogramm anders als zwei reisende Freundinnen. Auch den typischen negativen Bericht „Es gibt jeden Tag das Gleiche zum Essen" sollten Sie erst einmal nicht als das wichtigste Kriterium erachten. In jedem Hotel gibt es immer wieder diese Art von Bewertungen. Oftmals sind diese Kritiken von Leuten verfasst, die außer Pommes, Nudeln und Hähnchen nichts anderes essen. Dann gibt es natürlich jeden Tag das Gleiche!

Überlegen Sie sich als erstes, in welcher Ecke Hurghadas Sie Ihren Urlaub verbringen möchten. Sie haben direkt in der Stadt einige wirklich gute Hotels mit tollen, großen Gartenanlagen, die über direkte Strandlage zum Meer verfügen. Sie bräuchten sich in diesem Fall kein Taxi nehmen, da Sie vieles zu Fuß erledigen könnten.

Der Umgang mit den Taxifahrern erfordert nämlich auch so einiges an Geschick. Lassen Sie sich in Ihrem Hotel an der Rezeption oder von Ihrem Reiseleiter über die Preise mit dem Taxi informieren. Sie werden sich wundern, was Sie vielleicht schon zu viel gezahlt haben.

Viele Hotels bieten mittlerweile ihren eigenen Fahrservice an. Das ist zwar etwas teurer, als wenn Sie als ausgefuchster Feilscher den Taxipreis auf ein Minimum herunterhandeln, aber Sie müssen keine Sorge haben, dass der Fahrer Sie eventuell nicht wieder abholt oder womöglich noch das Diskutieren mit Ihnen anfängt. Damit müssen Sie nämlich rechnen, sobald Sie auf der Fahrt zu Ihrem Wunschziel den Fahrer bitten, kurz am Supermarkt anzuhalten, weil Sie sich Zigaretten kaufen möchten (auch, wenn es auf direktem Weg liegt). Jede Absprache ist damit hinfällig. Um sich den Abend nicht zu verderben, ersparen Sie sich solche Unannehmlichkeiten.

Von einem der nördlichsten Hotels Hurghadas kostet die Taxifahrt beispielsweise mitten ins Zentrum von Hurghada (Downtown) 14 Euro, ein Einheimischer (oder auch Sie, wenn Sie besonders gut im Handeln sind) zahlt im Vergleich dazu nicht mehr als 20-25 ägyptische Pfund (etwas über einen Euro) im normalen Taxi. Eine Strecke dauert 30 Minuten und man wird wieder abgeholt, wann immer man es wünscht. Entweder man bespricht das von vornherein mit dem Fahrer oder man ruft einfach vom Handy an, vorausgesetzt natürlich, Sie können im Ausland mit Ihrem Handy telefonieren. Bedenken Sie da aber eventuelle Extrakosten.

Die meisten Preisangaben, sei es am Flughafen oder im Hotel, werden in der offiziellen Landeswährung ägyptische Pfund (LE), in Dollar und in Euro angegeben. Umtauschen in LE lohnt sich aber nicht immer, da eigentlich ziemlich genau umgerechnet und der Euro als starke Währung überall akzeptiert wird. Auf einheimischen Märkten, in kleineren Geschäften oder dort, wo keine besonders hohe Anzahl an Touristen herrscht, rate ich jedoch zum Umtausch.

Den aktuellen Währungskurs können Sie kurz vor Ihrem Urlaub im Internet abrufen.

Sollten Sie sich für einen reinen Bade- und Erholungsurlaub entscheiden und Wert auf etwas anspruchsvollere Hotels legen, so sehen Sie sich die Anlagen im südlichen Hurghada an.

Die Fahrtzeit vom Flughafen in Richtung Makadi Bay (oder auch etwas weiter) liegen bei mindestens 30-40 Minuten. Bedenken Sie aber, dass andere Urlauber noch in die auf der Strecke liegenden Hotels verteilt werden müssen, dies verlängert Ihre Fahrzeit.

Ihnen sollte zudem bewusst sein, das auch am Roten Meer Gezeiten herrschen, sprich Ebbe und Flut. Allerdings haben die meisten Hotels vorgesorgt, indem sie einen langen Holzsteg angebracht haben. Darüber kann man auch während der Ebbe ins Wasser gehen und schwimmen oder am Hausriff schnorcheln.

Mögen Sie es lieber familiär und etwas gemütlicher? Die meisten Hotelanlagen sind große Hotels mit 500 Zimmern und mehr. Achten Sie dabei auf eine weitläufige Gartenanlage, mehrere Pools und Spielraum bei den Buffetzeiten. Oft verläuft sich dann die hohe Anzahl an Hotelgästen, sodass Sie das ausgebuchte Hotel als gar nicht voll empfinden.

Nutzen Sie auch das Angebot an A-la-Carte-Restaurants, um Abwechslung zu schaffen. Die Anmeldung erfolgt entweder an der Rezeption oder bei der Gästebetreuung und ist oft einmal pro Woche möglich. Informieren Sie sich dazu beim Reiseleiter, sollte dieser nicht von allein darauf zu sprechen kommen.

Ihr Reiseleiter wird Sie normalerweise am Anfang Ihres Urlaubs einladen und Ihnen alles Wichtige über Land und Leute erzählen. Auf der Fahrt vom Flughafen zum Hotel wird Ihnen mitgeteilt, wann und wo im Hotel Sie Ihren Reiseleiter treffen. Meistens findet die Zusammenkunft vormittags am nächsten Tag statt. Natürlich geht es nicht nur um Informationen zum Land, sondern auch um den Verkauf von Ausflügen. Aber da Sie das erste Mal in Ägypten sind und noch keine Ahnung von nichts haben, kann man durchaus dort die erste Tour buchen.

NÜTZLICHE INFOS ZU LAND UND LEUTEN

Ägypten ist ein Land, welches vom Tourismus lebt!

Das Personal in den Hotels, gerade die Kellner und die Reinigungskräfte, verdienen sehr wenig, geben sich aber immer die allergrößte Mühe.

Trinkgelder sind grundsätzlich nicht vorgeschrieben, Sie sollten sich aber überlegen, was Sie letztendlich für Ihren zweiwöchigen Jahresurlaub bezahlt haben und was es tatsächlich mehr kostet, dem netten Putzmann, der immer so schöne Figuren aus Handtüchern bastelt, hin und wieder einmal zwei Euro aufs Bett zu legen.

Immer gerne genommen wird auch Schokolade (beliebt sind die lila Schokolade und die sportlich-quadratische). Wenn Sie alles richtig machen wollen, sorgen Sie im Vorfeld dafür, dass Sie keine Münzen als Tipps geben, sondern beispielsweise 1-Dollar-Noten. Münzen können nicht in die Landeswährung zurückgetauscht werden. Das ist auch der Grund, warum das Personal ständig auf der Suche nach Urlaubsgästen ist, die so freundlich sind und die Münzen wieder in Scheine wechseln.

Ägypten ist ein Land, in dem Sie bei fast allem den Preis aushandeln müssen.

Feilschen will gelernt sein, das ist nicht jedermanns Sache. Aber Übung macht den Meister, probieren Sie es einfach aus.

Anfangs können Sie sicher sein: Wenn Sie glauben, Sie haben das ultimative Schnäppchen ausgehandelt, können Sie locker noch einmal die Hälfte abziehen und haben wahrscheinlich immer noch zu viel bezahlt! Wahrscheinlich ist es bisher den meisten Urlaubern in ihrem ersten Ägypten-Urlaub so ergangen, zugeben wird es wohl keiner.

Gerade am Flughafen sollten Sie Ihr Gepäck fest in der Hand haben.

Geben Sie es nicht aus der Hand, auch wenn der junge Mann so lieb schaut und Ihnen unbedingt helfen möchte. Sein aufopferungsvoller Dienst wird Sie ein paar Euros kosten. Ersparen Sie sich das.

Das Gleiche gilt, wenn Sie am Rückflugtag in der langen Schlange stehen sollten. Es geht nicht vor und nicht zurück. Eigentlich haben Sie ja noch genug Zeit, bis der Flieger abhebt. Aber dann steht da plötzlich ein aufgeregter Ägypter und fragt Sie ganz hektisch „Deutschland?". Natürlich sagen Sie ja und auch noch wohin. Schon hat er Ihren Koffer in der Hand und winkt Sie aufgeregt hinter sich her. Sie laufen also an allen in der Schlange stehenden (und wütend schauenden) Urlaubern vorbei, bis unmittelbar vor die Kofferkontrolle...und dann wird die Hand aufgehalten. Auch dieses Geld kann man sich getrost sparen.

Man kann sich auch auf andere Arten als mit dem Taxi fortbewegen.

Zum Beispiel fahren täglich Minibusse durch Hurghada. Allerdings gibt es keine festen Haltestellen, Start- und Endpunkt stehen aber fest. Durch Handzeichen werden die Busse gestoppt und zum Aussteigen muss man sich ebenfalls bemerkbar machen. Die billigen Fahrpreise entschädigen dann für die abenteuerliche Fahrt, von der Sie garantiert berichten können. Denn es kann durchaus vorkommen, dass man zwischen Hühnern sitzt oder im Sommer bei 40 Grad und gefühlt 40 Menschen transportiert wird. Dafür muss man nicht mehr als 1- 2 LE pro Fahrt zahlen – also definitiv etwas für den schmalen Geldbeutel, dennoch vielleicht eher etwas für Urlaub Nr. 2 oder 3, da man sich bereits etwas in der Umgebung auskennen sollte.

Für den Fall, dass Sie in Ägypten erkranken und sich Medikamente besorgen müssen, gehen Sie aus der Hotelanlage hinaus zur nächsten Apotheke. Dort kostet fast alles nur ein Bruchteil von dem, was Sie in der Hotelapotheke zahlen. Natürlich kommt es darauf an, wie dringend Sie Ihre Arznei brauchen. Manchmal spielen dann ein paar Euros keine Rolle.

Aber gerade in bestimmten Fällen hat es sich bewährt, auf die einheimischen Medikamente zurückzugreifen. Wenn Sie sich zum Beispiel einen Magen-Darm-Infekt eingefangen haben, holen Sie sich Antinal aus der Apotheke (Kosten 1-2 Euro). Es handelt sich hierbei um ein Antibiotikum, dass speziell gegen die Bakterien vor Ort wirkt. Warten Sie nicht zu lange mit der Einnahme, sondern nehmen Sie es sofort, am Abend sollten Sie wieder fit sein. Antibiotika, die Sie aus Deutschland mitbringen, sind oftmals wirkungslos gegen die Bakterien, die Sie sich dort einfangen.

Das Leitungswasser ist kein Trinkwasser! Das wird Ihnen unter anderem gleich bei Ankunft mitgeteilt, da es ein sehr wichtiger Punkt ist und es hierbei um Ihre Gesundheit geht. Ich rate auch davon ab, sich damit die Zähne zu putzen. Trinkwasser gibt es in jedem Hotel in Flaschen, die Ihnen auch in die Zimmer gebracht werden.

Übrigens, die Eiswürfel werden aus Trinkwasser zubereitet, sie sind also ungefährlich. Auch der Salat beim Buffet sollte nicht mit Leitungswasser gewaschen werden. Fragen Sie im Zweifelsfall bei der Gästebetreuung nach.

Vergessen Sie nie, sich gegen die Sonne zu schützen. Auch wenn Sie eine leichte Vorbräunung haben, heißt das noch lange nicht, dass Sie keinen Sonnenbrand bekommen können.

Die Sonne ist stark und wird schnell unterschätzt, gerade, wenn noch eine angenehme Brise nebenbei weht. Das erhöhte Hautkrebsrisiko spielt ebenso eine gravierende Rolle.

Besonders Kinder müssen unbedingt geschützt werden! Ein Käppchen und ein hoher Lichtschutzfaktor gehören in jedes Reisegepäck.

Mückenschutz erhalten Sie in Hurghada in jeder Apotheke. Sparen Sie sich das Mitschleppen im Koffer, jegliches zusätzliche Gewicht spart Ihre Kraft und Kerosin. Da wären wir wieder beim Umweltbewusstsein.

IHRE AUSFLUGSMÖGLICHKEITEN IN HURGHADA UND UMGEBUNG

Sie haben in und um Hurghada eine große Auswahl an Aktivitäts- und Ausflugsangeboten.

Entweder buchen Sie direkt bei Ihrem Reiseleiter, bei den Anbietern, die im Hotel auf Provisionsbasis arbeiten oder bei einheimischen Agenturen. Dabei sollten Sie aber aufpassen, dass Sie an einen seriösen Tourguide geraten. Die versicherungstechnische Abdeckung spielt dabei eine wichtige Rolle. Holen Sie sich Erfahrungen von anderen Hotelgästen ein oder fragen Sie in Ihrem Hotel nach, wenn Sie sich nicht sicher sind.

Um eine Kirche, eine Moschee oder auch den einheimischen Markt in Hurghada zu besuchen, müssen Sie sich keiner Tour anschließen. Dies ist auch bedenkenlos privat umsetzbar. Machen Sie sich aber vorher über die Umgebung schlau. Vereinbaren Sie Treffpunkte, falls Sie sich im Gewusel der Märkte verlieren sollten.

Aktivitäten auf und im Wasser
Wenn Sie sich sportlich aktiv betätigen möchten, gibt es unzählige Wassersportarten, die sich im

Hotel ausüben lassen. Besonders beliebt geworden ist das Kitesurfen. Ägypten bietet dafür mit seinem flachen Strand und Wasser in Kombination mit Wind die allerbesten Bedingungen. Im Hotel mit eigenem Strandabschnitt werden zum größten Teil Kite- und Windsurfen, Bananenboot und Parasailing angeboten.

Wagen Sie auch eine abenteuerliche Fahrt auf Quads durch die Wüste, um sich einmal so richtig austoben zu können und um etwas Abwechslung in den Urlaubsalltag von Strand und Pool zu bringen.

Wen es lieber aufs Wasser zieht, kommt hier in Ägypten in besonderem Maße auf seine Kosten, denn das Rote Meer ist bekannt für seine bunten Riffe und für seine einzigartige Fischwelt. Besonders Taucher und Schnorchler zieht es jedes Jahr in Scharen hierher.

Sie können sich bereits von Deutschland aus über in Frage kommende Tauchbasen informieren. Einige davon sind direkt in oder an den Hotelanlagen, sodass ein Transfer dorthin nicht nötig nicht.

Ein Tauchtag beinhaltet im Normalfall zwei Tauchgänge, Sauerstoff und Verpflegung an Bord sind oftmals inbegriffen. Die Ausrüstung kann in allen Centern ausgeliehen werden.

Die Preise gehen in den einzelnen Tauchcentern allerdings weit auseinander. So hat bisher in einer Basis ein Tauchtag um die 60 Euro gekostet (bei Buchung von mindestens drei Tagen wurde es etwas günstiger), in einer anderen kostete der Tag schon 85 Euro. Die Leihausrüstung wird separat dazu gerechnet. Seit diesem Jahr sind die Preise aber deutlich gestiegen, da die ägyptische Regierung höhere Steuern (auch auf Benzin und Diesel) erhoben hat. Außerdem wird zusätzlich eine Gebühr für bestimmte Tauchplätze fällig, die ebenfalls auf die Ausflügler umgelegt wird.

Entscheidet man sich vor Ort, einen Tauchschein zu machen, so ist dies in der Regel kein Problem und es kann von heute auf morgen begonnen werden. Drei bis vier, manchmal auch fünf Tage muss man dafür einplanen, die Kosten liegen bei etwa 320 Euro, mittlerweile könnte aber auch hier der Preis etwas gestiegen sein.

Giftun, Mahmya und Orange Bay

Mit zu den schönsten Zielen per Boot gehören zudem die Inseln Giftun, Mahmya und Orange Bay. Sie werden sich fühlen wie in der Südsee, traumhaft schön mit türkisem Wasser und schneeweißem Sandstrand. Zeigen Sie diese Fotos Ihren Freunden und Bekannten nach dem Urlaub, wird es kaum jemand glauben, dass Sie in Ägypten gewesen sind und nicht an einem Strand in der Karibik.

Auf dem Weg zu einer der genannten Inseln hin haben Sie bereits mehrmals die Gelegenheit, auf ein Schnorchelabenteuer, da an vielen Riffen vorbeigefahren wird.

Es lässt sich somit also einiges kombinieren und damit den Geldbeutel schonen.

Auf jedem Schiff arbeitet und bemüht sich auch eine Schiffscrew. Am Ende der Tour wird immer die Tipp-Kasse herumgereicht, also denken Sie bitte an einen kleinen Obolus für das fleißige Personal.

Moscheen und Kirchen
Gehören Sie zu den Urlaubern, die sich eher für Geschichte, Kultur und Bauwerke interessieren, so enttäuscht Sie dieses Land in keinster Weise.

In Hurghada gibt es einige Punkte, die einen Besuch durchaus wert sind. Wenn Sie in einem arabischen Land zu Gast sind, gehört auf jeden Fall die Besichtigung einer Moschee in jedes Programm.

Die ältere Moschee aus den 70er Jahren ist die

Abdel Moneim Riad Moschee. Sie befindet sich im Stadtteil Dahar, also im ursprünglichen und ältesten Stadtteil von Hurghada.

Die El Mina Moschee ist relativ neu erbaut und wurde erst vor einigen Jahren fertiggestellt. Sie befindet sich in Sekalla, direkt neben dem Fischereihafen, von wo aus die frisch gefangenen Fische weiterverkauft werden. Ihre Türen stehen neben den Gebetszeiten für Besucher offen, den Frauen werden am Eingang Tücher ausgehändigt, um Schulter, Haare, Arme und Beine zu bedecken.

Als Highlight in Hurghada kann man durchaus die St. Shenouda-Kathedrale bezeichnen, eine koptische Kirche. Sie wurde benannt nach dem „Vater der Eremiten" und für die christliche Gemeinde in Hurghada erbaut. Das islamische Ägypten besteht immer noch aus etwa 10 % Christen. Auch hier sind Besichtigungen möglich.

Die neue Marina – der Yachthafen Hurghadas

In Sekalla geht es wesentlich touristischer zu als in Dahar. Während man in Dahar besonders am Abend noch überwiegend einheimisches Leben beobachten kann, so wird Sekalla geprägt von der belebten Sheraton Road mit seinen vielen

Einkaufsmöglichkeiten, Bars, Restaurants (auch MC Donalds ist hier zu finden) und Hotels, je südlicher man fährt. Demnach sieht man hier überwiegend Touristen auf der Straße, was sich natürlich bei den Preisen in den Geschäften und bei der Aufdringlichkeit der Verkäufer bemerkbar macht.

Was Sie sich unbedingt ansehen sollten, ist die neue Marina. Hierbei handelt es sich um den Yachthafen von Hurghada. Ebenfalls in Sekalla gelegen, bietet er neben etlichen Cafés und Bars die Möglichkeit, spazieren zu gehen und die prächtigen Yachten zu bestaunen. Einige Restaurants sind dort sehr empfehlenswert und liegen preislich im absolut humanen Rahmen, was man anfangs nicht vermutet.

Direkt daneben schließt sich der alte, eigentliche Hafen an, wo Sie sich bei der neuen Moschee wiederfinden.

Der Souk
Bei Urlaubern auch sehr beliebt ist der „Souk". Es handelt sich dabei um einen Markt, der überwiegend von Einheimischen besucht wird und ebenfalls in Dahar liegt. Die Preise sind niedrig, die Auswahl an Gemüse, Obst und Fleisch hoch. Gerade bei Obst und Gemüse darf gerne einmal zugegriffen und probiert

werden. Auch jegliche andere Art von Artikeln kann man hier finden. Von Vorteil auf dem Souk ist, dass man von den Verkäufern in Ruhe gelassen und nicht bedrängt wird wie auf der Sheraton Road in Sekalla. Ich kann nur den Rat geben, in diesem Fall einfach weiterzugehen und sich nicht in ein Gespräch verwickeln zu lassen. Mit der Zeit entwickeln Sie darin Übung, glauben Sie mir.

Luxor

Von Hurghada werden zusätzlich noch weitere Ausflüge angeboten, die ein wenig Fahrtzeit in Anspruch nehmen.

Eine Möglichkeit, die sich Ihnen bietet, ist ein Trip nach Luxor.

Luxor liegt 330 km weit in südwestlicher Richtung von Hurghada entfernt und führt durch nicht ganz ungefährliches Gebiet. Die Mautstraße kann man mittlerweile tagsüber bedenkenlos benutzen, da die Busse mit den Touristen im Konvoi fahren und auf der Strecke in der Wüste viele Wachtposten errichtet sind.

Da für die Fahrt mindestens 4-5 Stunden eingeplant sind, werden Sie aber dementsprechend früh abgeholt. Und wenn Ihr Hotel unter den ersten auf der Abholtour steht, müssen Sie schon einmal mit 3 Uhr in der Früh rechnen, aber man möchte ja auch den Tag über etwas von seinem Ausflug haben und möglichst viel sehen und erleben.

Luxor bedeutet ins Deutsche übersetzt so viel wie „die Stadt der Paläste", das Tal der Könige gehört hier wohl zu den bekanntesten Sehenswürdigkeiten, aber auch bestimmte Tempelanlagen und -ruinen, die zu Ehren bestimmter Pharaonen und Könige des alten Ägyptens errichtet worden sind gehören dazu.

Auch die Tempel von Karnak gehören zur Pflicht in jedem Programm. Diese liegen ungefähr 2,5 km nördlich von Luxor, direkt am Nil, und gehören ebenfalls zum Weltkulturerbe der

UNESCO. Einige Bereiche sind für Touristen nicht zugänglich, trotzdem sollte man aufgrund der Größe der Anlage viel Zeit einplanen.

Auch ein Besuch des Museums von Luxor lohnt sich. Dort werden Ausgrabungsfunde ausgestellt, die in der neueren Zeit entdeckt wurden und noch entdeckt werden.

Außerdem besteht die Möglichkeit, von der Anlegestelle Luxors eintägige Kreuzfahrten nach Dendera und Abydos zu buchen. Das kann man spontan vor Ort entscheiden.

Da Luxor direkt am Nil liegt, eine mit den wichtigsten, archäologischen Stätten Ägyptens gesegnete Stadt ist und die Kreuzfahrtschiffe von dort an- und ablegen, muss man auch hier von enorm hohem Tourismusaufkommen sprechen.

Die ägyptische Küche in Hurghada

Hat schon einmal jemand etwas von „Koshary" gehört (auch Koshari geschrieben)?

Das typisch ägyptische Reis/Linsen-Gericht mit Nudeln und einer Tomatensoße wurde ursprünglich als „arme-Leute-Essen" serviert, gehört aber heute zu einem beliebten Gericht, das man zumindest einmal probiert haben sollte, wenn man es noch nicht kennt. Am besten gönnen Sie sich dazu ein Glas Zuckerrohr-Saft, der zugegebenermaßen nicht jedermanns Sache ist.

Mittlerweile bieten auch viele Hotels Koshary in ihren Buffets an. Entweder, wenn das Motto „ägyptischer Abend" lautet, oder auf Dauer.

In vielen kleinen Imbissen in Hurghada gibt es das Gericht für wirklich kleines Geld.

Zur ägyptischen Küche gehört neben Hülsenfrüchten und Gemüse wie Aubergine, Zucchini und

Kartoffeln auch Fleisch und Fisch. Schweinefleisch sucht man auf den Märkten, in Restaurants und bei den Ägyptern im Kühlschrank aber vergebens, denn der muslimische Glaube verbietet den Verzehr, da das Schwein als sehr unreines und dreckiges Tier gilt. Dafür umfasst das Angebot Lamm, Rind und Geflügel. Neben Gewürzen hat Ägypten auch ein reichhaltiges Angebot an Obst wie Granatäpfel, Feigen, Datteln, Melonen und einigem mehr.

Viele kulinarische Angebote wie Falafel oder Köfte sind der türkischen Küche sehr ähnlich. Das liegt daran, dass damals, als Ägypten noch zum osmanischen Reich gehörte, viele Lebensmittel von dort übernommen wurden. Zwar kamen noch einige Abwandlungen dazu, aber ansonsten lassen sich große Ähnlichkeiten zu vielen anderen Ländern (auch Griechenland) beobachten.

Wen das Hotelessen schlicht und ergreifend nervt und Sie sich nach etwas „Anderem" sehnen, nach etwas, an das Sie erst einmal so gar nicht denken, sollten Sie sich einmal zu einem Steak aus Kamelfleisch hinreißen lassen. Natürlich gilt dieser Tipp nur für ausgedehnte Fleischliebhaber. Sie haben in mehreren Restaurants in Hurghada die

Gelegenheit dazu. Allerdings gibt es gravierende Unterschiede bei der Qualität.

Eine der ersten Adressen ist da das Moby Dick. Es liegt direkt im Leben Hurghadas an der Sheraton Road, gleich neben der Fußgängerzone. Wer nicht weiß, dass es sich hierbei um Kamelfleisch handelt, wird garantiert auf Rind tippen. Durch die butterweiche und zarte Konsistenz wird dieses Stückchen Fleisch für den einen oder anderen zum Träumchen. Die Speisekarte des Restaurants führt mittlerweile auch Kamel-Burger und -schinken.

Im Vergleich zu deutschen Steakpreisen fällt dieser hier natürlich niedriger aus, aber die umgerechnet 15 Euro pro Teller sorgen dafür, dass sich hier überwiegend Touristen aufhalten.

Etwas günstiger ist es da im „Heaven" an der neuen Marina. Die Qualität steht der im Moby Dick um nichts nach, kostet aber über ein Drittel weniger und man hat den wunderschönen Ausblick auf den Hafen mit seinen tollen Booten. Auch das Sushi im Heaven ist sehr zu empfehlen.

Bevorzugen Sie grundsätzlich lieber Fisch, so haben Sie natürlich auch in diesem Fall die Qual der Wahl.

Das „El-Mina", ein typisches Fischrestaurant, liegt in einer Seitenstraße zur Sheraton Road, also vom belebten Mittelpunkt aus auch gut zu Fuß zu erreichen. Schon beim Eintritt ins Lokal fällt sofort die riesige Fischtheke voll mit frischem Fisch und Eis auf. Sie haben die Möglichkeit, a-la-Carte zu bestellen oder sich Platten mit Wunschfisch (beispielsweise Shrimps oder Tintenfisch) herrichten zu lassen. Das bietet sich an, wenn Sie in einer Gruppe mit mehreren Leuten angekommen sind. Sie haben die Wahl, ob gebacken, gegrillt oder gekocht serviert werden soll. Dazu gibt es immer frisches, typisch ägyptisches Pita Brot mit Hummus- und Auberginendip (Baba Ganoush) sowie Salat.

Abgerechnet wird der Fisch nach Kilo, die Preise hängen vom Tagesangebot ab, sind aber im Vergleich zu deutschen Preisen Schnäppchen!

Schräg gegenüber vom El-Mina ist das Hefny fish. Dort essen im Gegensatz zum El-Mina auch viele Einheimische. Das Preis-Leistungs-Verhältnis lässt sich sogar noch einmal toppen. In keinem der beiden Lokale wird Alkohol ausgeschenkt.

Wenn es Ihnen dennoch nach einer alkoholischen Erfrischung dürstet, trinken Sie doch entspannt zum Meeresrauschen einen kühlen Cocktail oder einen erfrischenden Wein.

Nach dem reichhaltigen Fischbuffet, das Sie zuvor noch genossen haben, empfiehlt sich ein kleiner Spaziergang. Ungefähr 10-15 Gehminuten vom Restaurant entfernt liegt das Hotel „Bella Vista" mit einer tollen Cocktailbar, der Caribbean Bar, auf seinem Gelände, direkt am Strand und am Wasser. Sie gelangen über die lebhafte Sheraton Road zum Hotel.

In der Bar gibt es alle erdenklichen internationalen Cocktails, die man sich spontan nur denken kann. Aber Vorsicht, wenn Sie einen Long Island Icetea in „Big" bestellen, erhalten Sie Ihren Cocktail in einer 1 l großen Karaffe, und das für umgerechnet 5,50 Euro.

Auch hier kann man ganz leicht mit Euro bezahlen, wie auch in allen zuvor erwähnten Restaurants.

An der Marina rund um das „Heaven" haben Sie zusätzlich viele Gelegenheiten, um Shisha zu rauchen oder ein Bierchen zu schlürfen. Haben Sie Lust auf Karaoke oder Live-Musik in beruhigender Atmosphäre in der Hängematte, vielleicht noch mit ein paar Tapas oder Sushi auf Ihrem Schoß? Dann wagen Sie einen Besuch in Papas Bar.

Weitere Lounges befinden sich alle nicht weit entfernt in der Nähe.

Auch an der überfüllten Sheraton Road gibt es genug zu entdecken.

So lohnt ein Blick dort in den Coffee Shop Ali-Baba.

Noch ein heißer Tipp: Das Little Buddha beim Sindbad Resort hält für Damen zweimal die Woche Ladys Abend bereit. Dazu gehören freier Eintritt und Getränke bis nach Mitternacht.

Gehören Sie zu den spontanen Menschen, dann gehen Sie einfach raus ins Leben und stürzen Sie sich ins Getümmel. Die Ägypter sind grundsätzlich ein herzliches und gastfreundliches Volk. Überfälle und Raube stehen hier nicht auf der Tagesordnung und kommen nicht häufiger vor wie in anderen Ländern auch.

Kairo, die Mutter der Welt

In den Geschichten aus 1001 Nacht steht geschrieben: "Wer Kairo nicht gesehen hat, hat die Welt nicht gesehen. Ihre Erde ist aus Gold, ihr Nil ist ein Wunder, ihre Frauen sind wie schwarzäugige Jungfrauen aus dem Paradies, ihre Häuser sind Paläste, ihre Luft ist weich und duftend wie Aloeholz. Und wie könnte Kairo anders sein, ist es doch die Mutter der Welt."

Antik, kulturell, mystisch, weltoffen und typisch arabisch – all das bezeichnet Kairo, die Hauptstadt, die übersetzt einfach „die Eroberin" heißt.

Den meisten, die das erste Mal nach Ägypten reisen, fallen zuerst die Pyramiden von Gizeh und die Sphinx ein und dass man dafür nach Kairo fahren muss.

Sie haben hier den Vorteil, dass Sie nicht zwingend 5 Stunden im Bus sitzen und um 3 Uhr morgens aufstehen müssen, sonders Sie können auch bequem das Flugzeug von Hurghada nehmen. Flugverbindungen von und nach Kairo starten von vielen anderen ägyptischen Städten aus, wie zum Beispiel von und nach Luxor, Alexandria, Assuan und Sharm el Shaikh. Flugreisen von den Urlaubsorten nach Kairo und zurück werden mittlerweile von den Reiseagenturen angeboten und sind nur unwesentlich teurer als die lange Fahrt mit dem Bus. Auch Touren über zwei Tage, also mit Übernachtung, sind in den Ausflugskatalogen zu finden.

Sollten Sie sich für das Fliegen entscheiden, so müssen Sie mit einer knappen Stunde Flugzeit rechnen, zumindest von Hurghada aus. Da Sie lediglich mit Handgepäck reisen, geht die Abfertigung am Flughafen dementsprechend fix. Auch die Ankunft in Kairo verläuft relativ schnell, da Sie aus dem Inland ankommen.

Kairo liegt in etwa 460 km nördlich von Hurghada entfernt und ist eine unglaublich riesige Stadt. In der Stadtregion leben um die 10.000.000 Einwohner, zählt man die Randgebiete inklusive Gizeh mit, so lässt sich die Zahl sogar verdoppeln. Da in Kairo aber keine Meldepflicht besteht, geht man davon aus, dass die Einwohnerzahl um einiges höher ist. Das ist bei einer Gesamteinwohnerzahl von 98,4 Millionen fast ein Fünftel Ägyptens.

Damit ist Kairo die größte Stadt Ägyptens, ganz Afrikas und somit auch auf der Liste der weltgrößten Metropolen.

Um sich dort zurecht zu finden, sollten Sie nach Möglichkeit nicht privat auf Entdeckungstour gehen. Zwar verfügt Kairo über öffentliche Verkehrsmittel, aber in Anbetracht der Flächengröße und dem Ausmaß an Weite der Stadt sind diese nicht zu empfehlen, sollten Sie das erste Mal nach Kairo reisen.

Fast alle Reiseanbieter haben die Pyramiden, die große Sphinx, das ägyptische Museum und eventuell eine Fahrt auf dem Nil in ihrem Programm. Je nach Größe der Reisegruppe und der verbleibenden Zeit lässt sich aber auch manchmal eine

Programmänderung einbauen, wenn beispielsweise ein längerer Aufenthalt im Museum gewünscht wird oder ein Besuch auf dem Basar. Sprechen Sie sich dazu erst mit ihrer Gruppe ab und wenden Sie sich anschließend an den Reiseleiter.

DIE PYRAMIDEN VON GIZEH

Die Anreise zu den Pyramiden erfolgt über die Stadtautobahn und führt Sie circa 20 km südlich aus dem Stadtkern Kairos hinaus in die Stadt Gizeh, die zusammen mit Kairo eine Metropolregion bildet. Gizeh allein umfasst ungefähr 4,1 Million Einwohner und wird nur durch den Nil von der Stadt Kairo getrennt.

Die Pyramiden gehören zum letzten noch bestehenden antiken Weltwunder und sind noch relativ gut erhalten, wenn man bedenkt, dass diese weit über 4000 Jahre auf dem Buckel haben. Die bekannteste von Ihnen ist wohl die Cheops-Pyramide, umgeben ist sie von mehreren „kleineren" Pyramiden, wenn man es so nennen kann. Denn auch diese kommen von beeindruckender Statur daher, steht man daneben. Unfassbar, dass die alten Ägypter die in etwa 2,5 t schweren Steinblöcke ohne Fuhrwerk transportierten und nur über Seilzüge nach oben zogen. Dabei handelte es sich schließlich bei der Cheops-Pyramide um knapp 147 m. Durch leichte Einsackungen kann man heute lediglich von 138 m sprechen.

Die mittlere (ursprünglich143 m hoch) und die kleine Pyramide (ursprünglich um die 65 m hoch) wurden nach den Pharaonen Chephren und Mykerinos benannt und stehen in unmittelbarer Nähe zur Cheops-Pyramide. Anfang des 20. Jahrhunderts kam noch eine vierte dazu, die zu Ehren der Königin Chentkaus errichtet wurde. Auch diese war wie die anderen mit Sandstein bekleidet.

DIE GROßE SPHINX

Ein Stückchen unterhalb der Pyramiden von Gizeh befindet sich die große Sphinx, die viele aus den Asterix-Comics in Erinnerung haben, denn durch die Tollpatschigkeit von Obelix brach schließlich die Nase ab, war es nicht so?!

Tatsächlich ist es so, dass die Nase und auch der Kinnbart des Kopfes witterungsbedingt abgebrochen sein könnten. Es gibt aber auch Berichte eines arabischen Historikers, der von einem fanatischen, strenggläubigen Scheich erzählt, der die Nase der Sphinx Ende des 14. Jahrhunderts einfach abschlug. Die Bevölkerung, die zu diesem Zeitpunkt die Statue noch wie einen Gott verehrte, hat ihn daraufhin umgebracht. Durch Aufzeichnungen eines anderen Historikers ein knappes Jahrhundert früher weiß man von einer großen, prächtigen Nase, die zu diesem Zeitpunkt noch da gewesen sein muss und dass die Geschichte des fanatischen Scheichs somit stimmen könnte.

Man vermutet, dass der Menschenkopf der Sphinx im Ursprung ebenfalls etwas größer ausfallen sollte, da das Verhältnis zum Löwenkörper nicht stimmt. Vergleiche gibt es zu anderen Sphinx.

Auf dem Areal, auf denen Pyramiden und Sphinx errichtet sind, laufen Unmengen an Verkäufern herum, die Postkarten und Souvenirs an den Mann bringen wollen. Oftmals mindere Qualität und überteuerte Preise, wie man sich bei den Massen an Touristen denken kann, die jeden Tag zu Besuch kommen. Sie müssen zusätzlich auf Kinder aufpassen, die Sie fragen, ob Sie fotografiert werden möchten, mit Ihrer eigenen Kamera oder dem eigenen

Smartphone. Lassen Sie sich nicht darauf ein, Sie bekommen Ihr Gerät nur gegen Bares zurück.

Die Bedeutung der Sphinx obliegt mehreren Theorien, eindeutig bewiesen werden konnte bisher aber nichts. Es wird vermutet, dass die Sphinx entweder von Cheops oder Chephren erbaut wurde und ein Abbild darstellen soll, es könnte aber auch ein Bildnis zur Bewachung der Gräber sein.

DAS ÄGYPTISCHE MUSEUM

Auf jeder Besichtigungstour in Kairo gehört auch ein Besuch im Ägyptischen Museum dazu.

Es liegt am Tahrir-Platz (übersetzt: Platz der Befreiung), der das Zentrum Kairos bildet und den viele Touristen aus dem Fernsehen kennen und oft mit Demonstrationen und Aufruhr in Verbindung bringen.

Das Museum wurde extra um 1900 errichtet, um altägyptisches Kulturgut und antike Schätze zu sichern und zu erhalten, die zum Teil zuvor in Gizeh im Palast des Herrschers Ismail Pascha gelagert wurden. Der Neubau des Museums und die Umsiedlung der Ausstellung dauerte 2 Jahre und umfasst die weltgrößte Anzahl an Ausstellungsstücken, die aus einer bis zu 5000 Jahre zurückliegenden Zeit stammen. Man spricht hier von mindestens 150.000 zusammengetragenen Exponaten.

Das wohl bekannteste Artefakt ist die goldene Totenmaske des Pharaos Tutanchamun, aber auch andere Wohnartikel wie Betten, Möbel und Schmuck sind hier zu bestaunen.

Das Museum ist nicht komplett klimatisiert, lediglich einzelne Räume, in denen wertvolle Stücke ausgestellt sind, werden gekühlt.

Fotoapparate dürfen ins Museum nicht mit hinein und müssen am Eingang abgegeben werden, auch die Durchführung von Taschenkontrollen gehören zum normalen Ablauf dazu.

DER NIL

Wohl kaum ein Fluss ist so wichtig und bedeutend wie der Nil für Ägypten. Schon vom Flugzeug aus kann man klar zwischen gelber Wüstenregion und grünem, fruchtbarem Nildelta unterscheiden, welches sich unterhalb von Kairo befindet.

Der Nil ist außerdem mit einer Gesamtlänge von

etwa 6650 km der längste Fluss der Erde und fließt durch sieben Länder. Seinen Ursprung hat er in Ruanda und durchquert dann Burundi, Tansania, Uganda, den Süd Sudans, den Sudan und schließlich Ägypten, um im Mittelmeer, nördlich von Kairo, zu münden. Zuvor hat er sich im Nildelta noch einmal in zwei Mündungsarme aufgeteilt (Rosetta- und Damiettaarm, beide um die 230 km lang).

Es ist umstritten, ob nicht eventuell doch der Amazonas länger ist. Grund dafür sind die vielen verschiedenen Angaben über die Länge des Nils. So reichen die Angaben doch von 5500 km bis weit über 7000 km. Aber auch beim Amazonas ist die tatsächliche Länge nicht wirklich geklärt, somit bleibt der Nil vorläufig in der Rangfolge die Nummer eins.

Des Weiteren fließt er durch 29 Städte, 5 Seen und Stauseen und hat 4 Nebenflüsse.

Schon die alten Ägypter erkannten den fruchtbaren Boden, den der Nil nach seinen Hochwassern (Nilschwemme) hinterließ, und siedelten sich an den grünen Ebenen an. Aufgrund des schwarzen Schlamms, der zurückblieb, wenn das Hochwasser abfloss und verdunstete, wurde das alte Ägypten auch „schwarzes Land" genannt.

Die Häuser wurden dann aus dem übrigen Ton gebaut, der durch die Schwemme angespült wurde.

Durch den Bau des Assuan-Staudammes und seine Fertigstellung 1971 ist die natürliche Nilschwemme in seiner ursprünglichen Form allerdings weggefallen.

Über den Nil wurden außerdem die schweren Steinblöcke für den Bau der Pyramiden transportiert sowie Holz aus Syrien und Palästina. Durch die gewichtige Last und den damit verbundenen Tiefgang der Schiffe mussten die Kapitäne aufpassen, dass sie nicht auf Grund liefen und sind deshalb überwiegend am Tage unterwegs gewesen.

Heutzutage werden mitunter Kreuzfahrten über den Nil angeboten, über Seekrankheit sollten sich die meisten keine Gedanken machen, da der Fluss außerordentlich ruhig fließt und somit auch kein allzu großer Seegang zu erwarten ist.

In Kombination mit anschließendem Badeurlaub ist diese Art von Urlaub sehr beliebt.

Die häufigsten Fahrten starten in Luxor und enden in Assuan. Zahlreiche Sehenswürdigkeiten, wie die zuvor erwähnten Tempelanlagen in Luxor und Karnak, der Hatschepsut-Tempel in der Nähe des

Tals der Könige, der zu Ehren der ersten weiblichen Pharaonin erbaut wurde, der Habu-Tempel in West-Theben sowie einige Tempel mehr, sind hier zu bestaunen.

Nach Ende Ihrer Fahrt in Assuan sollten Sie sich unbedingt noch den beeindruckenden und welt-größten Staudamm (111 m hoch und 3,8 km Kronen-länge) ansehen, der errichtet wurde, um Ägypten bei längeren Dürreperioden mit Wasser zu versorgen und landwirtschaftliche Schäden zu vermeiden. Zusätzlich stellt er Trinkwasservorräte da, erzeugt Strom und kontrolliert die Schiffbarkeit des Nils.

Durch das aufgestaute Wasser des Nils befanden sich jedoch zahlreiche Tempel und Kulturdenkmäler in Gefahr, die daraufhin auch mit Hilfe der UNESCO versetzt werden mussten. Viele sind außerhalb Ägyptens wiederaufgebaut worden, unter anderem in Madrid, New York, Turin und im Sudan. Einige konnten nicht gerettet werden und sind in den Fluten verschwunden.

Der Stausee (Nassersee), der sich durch den Bau des Dammes gebildet hat, gehört mit zu den größten der Welt, stolze 5.248 km^2 beträgt die Wasserober-fläche, die Tiefe um die 70 m. Ein Teil davon liegt im

Sudan und trägt dort den Namen Nubia-See.

Wer nicht an Höhenangst leidet, kann von einer Aussichtsplattform in 75 m Höhe einen hervorragenden Blick in die Tiefe genießen.

KAIRO'S ALTSTADT UND BASARE

Entdecken Sie unbedingt auch die Altstadt Kairos (islamisches Kairo) mit ihren drei erhaltenen Stadttoren, der Zitadelle, von deren Mauern man bei klarer Sicht bis zu den Pyramiden gucken kann sowie mit ihren Moscheen, Museen und Basaren.

Stadttore gab es ursprünglich einmal um die 60, die Kairo gut bewachen sollten. Die drei, die noch erhalten sind, sind ganz besonders sehenswert. Sie sind die übrig gebliebenen Zeugen einer uralten Zeit. Am Tor „Bab al-Faotouh" werden noch heute Unmengen an Knoblauch verkauft und gehandelt – wie damals, vor hunderten von Jahren, als Obst-, Gemüse-, Fleisch- und Samenhändler vor dem Tor nicht weg zu denken waren.

Kairo besticht außerdem durch seine enorm hohe Anzahl an Moscheen. Die wohl bekanntesten und empfehlenswertesten sind die Ibn-Tulun-

Moschee, die Mohammed-Ali-Moschee (auch Alabastermoschee genannt und die wahrscheinlich älteste Moschee überhaupt), die 5-eckige Sultan-Hassan-Moschee, die el-Nasir-Moschee, die Blaue Moschee und die Rifai-Moschee, in der die Gräber des Königs Faruks und des Schahs Mohammed Resas aufbewahrt werden.

Der Islam ist überall allgegenwärtig. Die Kuppeln, Türme und Minaretten der Moscheen sind in der ganzen Stadt sichtbar und unterstreichen die Religion, die hier überwiegt.

Fünf Mal täglich geht ein gläubiger Moslem zum Gebet, ausgerichtet ist man dabei gen Mekka, der heiligen Stadt.

Man kann oft beobachten, wie ein Moslem seinen Gebetsteppich ausrollt und sich zum Gebet bereitmacht, sobald der Muezzin vom Minarett ruft, auch wenn er sich gerade nicht in einer Moschee befindet. Aber auch in anderen typisch islamischen Städten und Ortschaften in Ägypten gehört dies zum normalen Alltag. Gläubiges Hotelpersonal beispielsweise kann schlecht fünf Mal am Tag aus der Hotelanlage in die nächste Moschee fahren, um zu beten.

Eine der imposantesten Befestigungsanlagen ist

die Saladin-Zitadelle, die Anfang des 13. Jahrhunderts fertiggestellt wurde und zum Schutz vor den Kreuzrittern dienen sollte. In ihr sind zusammen mit zwei anderen Moscheen auch die Alabastermoschee und einige Museen untergebracht.

Die Moschee verdankt ihren Namen übrigens den alabasterverkleideten Wänden.

Die Anlage sowie die Moschee sind frei zugänglich und können damit besichtigt werden.

In Alt-Kairo ebenfalls zu bestaunen ist die koptisch-orthodoxe Kirche, auch hängende Kirche genannt. Diese uralte Kirche, deren Geschichte bereits im 3. Jahrhundert beginnt, ist über einem Torbogen errichtet und man erreicht sie nur, indem man 29 Stufen erklimmt. Darunter liegt der Durchgang eines Torhauses einer römischen Militäranlage.

In Alt-Kairo hat auch der bekannte Chan el-Chalili-Basar seinen Platz. Es ist wahrscheinlich zusammen mit dem al-Muski-Basar der größte und bedeutendste Handelsmarkt Afrikas, der sich hier durch enge Gässchen der Altstadt schlängelt und früher auch „türkischer Basar" genannt wurde.

Dort gibt es alles, was man sich nur vorstellen kann, ob Sie sich gerade nach einem Stück frischem

Obst sehnen oder nach einem Mitbringsel für die Nachbarin suchen, die gerade freundlicherweise Ihre Blumen gießt, während Sie im Urlaub sind.

Besonders angesagt ist die Nilinsel Gezira. Neben Restaurants, Bars und Cafés befinden sich hier auch Hotels, die Oper, der Fernsehturm mit seinen 187 m Gesamthöhe und, sehr wichtig, viele Botschaften. Auf den Fernsehturm kann man hinauffahren und auf einer Aussichtsebene, die sich dreht, den fantastischen Ausblick über die Nilgabelung und den Park genießen.

Die Insel ist in zwei Hälften unterteilt: Ez-Zamalek liegt im Norden, el-Gezira im Süden, dazwischen liegt der Sportpark Gezira. Mit einem kleinen Eintrittspreis von umgerechnet etwa 5 Euro kann man hier fast alles nutzen, was angeboten wird. Da wären zum einen einige Swimmingpools zur Abkühlung im Sommer, Spielplätze und Sportanlagen. Des Weiteren kann man sich auch zur Stärkung oder, um sich auszuruhen, in eine Bar oder in ein Pub setzen und einen Moment verweilen.

Nach Gezira kommt man über diverse Brücken, eine davon führt direkt vom Tahrir-Platz dorthin.

Sollten Sie Lust auf leckere Cocktails und

italienisches Essen bekommen, während Sie die Insel erkunden, so bietet sich ein Besuch im Bistro Aperitivo in Zamalek an. Machen Sie sich aber drauf gefasst, dass hier alles andere als ägyptische Preise bestehen. Für den kleinen Geldbeutel ist diese Lokalität somit nicht zu empfehlen.

Als interessanten Ort kann man auch das Pharaonic Village bezeichnen, zu Deutsch „das Pharaonendorf". Hierbei handelt es sich um eine Art Freilichtmuseum, in dem das ägyptische Leben und die Geschichte Ägyptens nachgestellt sind. Gerade für Kinder ist das eine willkommene Abwechslung zum öden Angucken der vorherigen Bauwerke. Durch Aktivitäten, die das Museum anbietet, wird es aber auch für Erwachsene garantiert nicht langweilig. Das Pharaonic Village liegt auf der Jakobsinsel Alt-Kairos.

Wer noch nicht genug von Museen hat, kommt sicherlich im Museum für islamische Kunst noch auf seine Kosten. Hier wird eine gewaltige Sammlung an Objekten des Islams ausgestellt. Die Produkte bestehen aus Holz, Keramik, Glas, Metall und Textil und sind aus jeder erdenklichen Epoche zusammengetragen. Am besten nehmen Sie diese

Sehenswürdigkeit gleich noch mit, da sie sich ebenfalls in Alt-Kairo befindet.

NACHTLEBEN, MUSIK UND FESTIVALS

Wer denkt, Kairo hat nicht auch ein bewegtes Nachtleben und einiges an Veranstaltungen im musikalischen Bereich zu bieten, der irrt.

Natürlich muss man immer bedenken, dass die Kultur und Moral der Leute in einer so religiösen Umgebung ganz anders ausgeprägt ist als bei uns in Europa. Man sollte dementsprechend überlegen, was man sich am Abend anzieht. Die Hotpants und das Spaghettiträger-Top sollten demnach im Koffer bleiben, stattdessen ist etwas Bedeckteres zu wählen. Aus Respekt den dort lebenden Menschen gegenüber ist auch Alkoholgenuss auf den Straßen unangebracht. Zu kaufen gibt es ihn nur in speziellen Geschäften, verzehrt wird er lediglich in dafür vorgesehenen Lokalitäten. Eine Geste der absoluten Respektlosigkeit und der schlechten Erziehung wäre es, wenn Sie betrunken beispielsweise zu einem Treffen kämen. Außerdem würden Sie die öffentliche Ordnung verletzen. Gehen Sie dieses Risiko lieber nicht ein.

Abends, wenn sich der Tag dem Ende neigt und es gerade im Sommer erträglicher draußen wird, zieht es die Menschen in Ägypten raus aus ihren Wohnungen in die belebten Straßen. Die Ägypter sind grundsätzlich Nachtmenschen, das muss man einfach so sagen. Auch Kinder sieht man massenweise noch spät abends vor den Türen.

Hippe Bars und angesagte Lokalitäten findet man zum Beispiel rund um den Midan Orabi. Es handelt sich hierbei um einen Platz, der zwischen zwei neueren Stadtteilen (Ismailiya und Taufikiya) liegt. Direkt am Platz liegt die Sharia Alfy, eine der wenigen Fußgängerzonen in Kairo. Als Vergnügungsviertel der Neustadt bekannt, sorgen hier unter anderem Bauchtanzlokale, Patisserien, Kinos und Bars für einen ausgedehnten Zug durch die Partymeile.

Grundsätzlich gilt es, die Augen auf zu behalten und merkwürdige Lokale zu meiden, denn von zwielichtigen, verruchten Spelunken ist lieber Abstand zu nehmen.

Unterwegs als Frau wären da eher die sicheren Bars und Discotheken zu empfehlen. Diese befinden sich in allen größeren Hotels, wie zum Beispiel das Jackies im Nile Hilton, das Tamango im Altas Zamalek Hotel oder das Casanovas im 7. Stock des el-Beg Hotels.

Wer gerne swingt, ist im Regina im Hotel El-Gezirah Sheraton gut aufgehoben. Bis 3:30 Uhr lässt sich hier abfeiern und swingen.

Die „Egyptian Gazette", die Tageszeitung Kairos, beinhaltet übrigens die täglichen Angebote an Abendveranstaltungen und -programmen, samstags nennt sich die Zeitung allerdings „Egyptian Mail".

Mögen Sie es lieber klassisch oder anspruchsvoll? Dann besuchen Sie doch das Opernhaus auf der Insel Gezira. Dort finden regelmäßig Veranstaltungen und Musikvorführungen statt.

Übrigens war die Oper ein Geschenk Japans, nachdem Präsident Mubarak in den 80er Jahren dort auf Staatsbesuch gewesen ist. Der Bau begann nach seiner Rückkehr und wurde 1988 beendet, die alte Oper war 20 Jahre zuvor abgebrannt und nicht wiederaufgebaut worden.

GASTRONOMIE UND GUTE KÜCHE

Kairo kann mit einigen guten und sehr empfehlenswerten Restaurants, die ägyptische Küche, aber auch andere außergewöhnliche Gerichte kochen, aufwarten.

Neben nationaler und internationaler Küche haben Sie in einem Restaurant auch die seltene Möglichkeit, Schweinefleisch zu bestellen, wofür das Maison Thomas sogar besonders berüchtigt ist.

Wenn Sie sich vegetarisch ernähren, sollten Sie das L'Aubergine aufsuchen. Zwar haben mittlerweile auch Fleischgerichte auf der Speisekarte Einzug genommen, die Auswahl an fleischlosen Gerichten ist aber noch enorm.

Befinden Sie sich noch in der Nähe des Stadtzentrums und wollen die nationale Küche ausprobieren? Dann besuchen Sie das Restaurant Estoril, wo Sie anschließend auch noch gemütlich ein Glas Wein oder einen Cocktail zu sich nehmen können. Besonders zu empfehlen ist hier Mezze. Darunter versteht man kleine Vorspeistenteller, ähnlich wie die Tapas in Spanien, bei denen gegrilltes, eingelegtes Gemüse wie Aubergine und Tomaten, Brot und Dips, Joghurt, aber auch Falafel, Taboule und

Hummus auf den Tisch kommen. Ursprünglich sollte diese Art des Anrichtens die Geselligkeit fördern, die Gäste essen zusammen und können sich über den Tisch hinweg nebenbei unterhalten.

Die Kosten halten sich in fast allen Restaurants im Rahmen, so dass auch für den schmalen Geldbeutel etwas dabei ist.

Sie haben außerdem überall zwischendurch die Möglichkeit, sich zu verpflegen. Auf den Basaren bietet es sich an, Dinge zu testen, die man sich wahrscheinlich im Restaurant niemals bestellen würde. Seien Sie also einmal mutig!

ANGEBOTE FÜR KINDER

An die kleinen Besucher hat Kairo aber auch gedacht. Wie wäre es denn mit einem Besuch im Vergnügungspark? Beispielsweise im Park Sindbad?

Auf einem großangelegten See umgeben von Eiscafés kann man hier herrlich entspannen und mit den Kids auf kleinen Bötchen über den See dümpeln. Anschließend gibt es noch leckeres Eis für die Kids und einen Eiscafé für die Erwachsenen – so lässt es sich aushalten.

Mit Park- und Grünanlagen geizt Kairo generell nicht.

Im Al Azhar Park, auf einer Anhöhe gelegen und dadurch mit einem wunderschönen Blick über die Stadt ausgestattet, picknicken Sie auf grünen Wiesen und spazieren auf geschwungenen Wegen vorbei an exotischen Pflanzen und Bäumen, während die Kinder sich austoben können. Auch alte Brunnen lassen sich auf einigen Plätzen im Park bestaunen. Cafés und Restaurants sind ebenfalls vorhanden.

Der Gabalaya Park ist ein noch interessanterer Park (auf der Insel Gezira gelegen), denn hier gilt es, auf Entdeckungstour zu gehen. Auf dem Gelände befinden sich Höhlen, Felsen und Grotten, in die man klettern und in denen man sich verstecken kann. Also passen Sie gut auf Ihre Kinder auf!

Direkt im Park liegt das Aquarium mit den unterschiedlichsten Meeresbewohnern, die man hier bestaunen kann.

Dass arabische Länder besonders kinderlieb sind, ist offensichtlich und kein Geheimnis. Für Kinder gibt es deshalb speziell angelegte Vergnügungszentren. Im KidZania-Zentrum besteht eine große Chance, dass Ihre Kleinen sich noch auspowern und müde toben können.

Mit Aktivitäten und künstlerischen Projekten gilt es, die Kinder zu beschäftigen und bei Laune zu halten. Mit speziell dafür verfügbaren Betreuern genießen die Eltern demnach auch einen erholsamen Nachmittag.

Kairo besitzt auch einen Zoo, die Meinungen hierüber sind aber umstritten. Während der eine die tollen Gartenanlagen und die Größe lobt (etwa 28 Fußballfelder), kritisieren die Tierschützer die angeblich katastrophalen Zustände der Käfige und der Tierhaltung im Allgemeinen.

Der Eintrittspreis ist gering und wer in der Nähe ist und noch Luft im Besichtigungskalender hat, kann durchaus einen Besuch in den Giza Zoo wagen und sich selbst eine Meinung bilden.

Ein paar Worte zum Islam

Die zweitgrößte Weltreligion hat 1,8 Milliarden Anhänger weltweit, ist Jahrhunderte alt und Ägypten gehört zu den 10 Ländern mit dem höchsten Anteil an muslimischer Weltbevölkerung.

Eigentlich eine zutiefst friedliche Religion, die übersetzt „sich unterwerfen" oder „sich ergeben" bedeutet, mit Parallelen zum Christentum, die in den letzten Jahren durch Terror und den IS einiges an Ansehen eingebüßt hat.

Im Gegenteil zum Christentum beten die gläubigen Moslems zu Allah und verehren den Propheten Mohammed, gebetet wird fünfmal am Tag, ausgerichtet ist man dabei in Richtung der heiligen Stadt Mekka. Jede Moschee ist so gebaut und konzipiert, dass die Himmelsrichtung stimmt.

Die Heilige Schrift, der Koran, und seine fünf Säulen bilden dabei den Grundstein des Glaubens, die da wären:

1. islamisches Glaubensbekenntnis
2. Pflichtgebet
3. Almosengabe
4. Fasten im Ramadan
5. Pilgerfahrt nach Mekka

Die Entwicklung der Religion und ihre Entstehung hier von Grund auf zu erklären, würde wohl etliche Seiten in Anspruch nehmen und den Reiseführer eher in ein Geschichtsbuch umwandeln.

Wichtig ist aber, dass man sich bewusst macht, in was für ein Land man verreist. Hat man weder Achtung noch Respekt vor dem Glauben anderer Länder, hält man sich schwer an geschriebene oder auch ungeschriebene Regeln und Gesetze, so sollte man sich überlegen, ob man nicht vielleicht lieber nach Mallorca an den Ballermann fährt?!

Wenn auch in den Hotels darüber hinweg geschaut wird und eigentlich auch keine Öffentlichkeit herrscht, sollten doch die Frauen darüber nachdenken, ob sie sich wirklich „oben ohne" sonnen müssen.

Im Fastenmonat Ramadan (der sich jedes Jahr um 10 Tage verschiebt) wird, wie der Begriff „Fastenmonat" schon verrät, gefastet, und zwar von Sonnenaufgang bis Sonnenuntergang. Dabei wird weder gegessen und getrunken noch geraucht und auch ansonsten wird abstinent gelebt. Auch wenn es für uns Westeuropäer nicht nachvollziehbar ist und jeder Arzt dabei den Zeigefinger hebt, so steht es uns vor Ort nicht zu, uns ein Urteil darüber zu erlauben. Es wird sich viel nach unseren (westlichen) Wünschen gerichtet, was hier auch einmal kurz hervorzuheben ist – sei es in der Hotelküche, dem Zimmer oder einfach bei speziellen gewünschten Annehmlichkeiten.

Vokabelheft inkl. Lautschrift

Deutsch	Lautschrift	Arabisch
Ja	na'am	نعم
Nein	la:	لا
Bitte	min fadlik	من فظللك
Danke	shukra:n	شكرا
Entschuldi-gung	a:sif	آسف
Ich liebe dich	`iinaa ahbk	انا احبك
Ich heiße...	smi hoa	اسمي هو...

Wie geht's?	kayfa tajri al'umu:r/ kayfa haluka	كيف تجري الامور؟ / كيف حالك؟
Guten Tag	taba masa'uka	طاب مسائك
Gute Nacht	layla sa'ayda	ليلة سعيدة
Guten Morgen	saba:hu alkhayr	صباح الخير
Hallo	ahlan	أهلا
Was kostet das?	kam tamanu hada:	كم ثمن هذا؟
Ich würde gerne bestellen?	uridu an atlub	اريد ان اطلب.
Trinkgeld	ikramyah	إكرامية
Sprechen Sie deutsch?	hal tatahaddato bil'almania	هل تتحدث بالالمانية؟

Supermarkt	markaz tija:ri/ mahal bikala	مركز تجاري/ محل بقالة
Krankenhaus	Mustashfa	مستشفى
Bank	benk	بنك
Hotel	funduk	فندق
Apotheke	saydalyah	صيدلية
Flughafen	matar	مطار
Polizei	markaz shu-ratah	مركز شرطة
Wo ist...?	ayana hua...?	أين هو ..؟
Gut	bikhayr/jayid	بخير / جيد

Etwa 7,4 Millionen Menschen auf dem Planeten Erde sprechen arabisch, über die Hälfte davon als Zweit- oder Drittsprache. In vielen Dialekten ausgeführt, gehört Arabisch neben Englisch und Spanisch zu einer der Weltsprachen, da es sich um eine natürliche, weit verbreitete Sprache handelt, die länderübergreifend viele Menschen miteinander verbindet und deshalb auch als Verkehrssprache bezeichnet wird.

Die arabische Sprache ist eine Sprache, die für Laien sehr schwierig zu verstehen ist. Man müsste das Alphabet und das Schreiben neu erlernen. Auch die Aussprache hört sich eher leicht krächzend an und ist eine Kunst für sich.

Die Übersetzung wurde mit Absicht auch in der arabischen Schrift aufgeführt, obwohl diese nach dem Einfügen etwas verändert aussieht und vielleicht von einem Araber gar nicht mehr richtig lesbar ist. Betrachten Sie die arabische Schreibweise der Übersetzung daher bitte als provisorisch, Sie gewinnen lediglich das Wissen über das Aussehen darüber.

Zum Abschluss

Ihnen haben die Informationen und Tipps des beliebten Urlaubslandes Ägypten hoffentlich gefallen und sie helfen Ihnen, Land, Leute und Umgebung besser einzuschätzen und sich zurecht zu finden.

Geschmäcker sind verschieden, deshalb wird Ihnen vermutlich einiges weniger gut gefallen als dem anderen und umgekehrt. Aber durch die Vielfalt der Ausflugs- und Besichtigungsmöglichkeiten sollte doch für jeden das Passende dabei sein.

Vielen Dank, dass Sie bis hierhin gelesen haben und es deshalb höchstwahrscheinlich unterhaltsam fanden.

Packliste

Geld & Finanzen

O (evtl.) Auslandswährung
O Bargeld
O Bauchtasche
O Brustbeutel
O Bauchtasche
O EC-Karte
O Kreditkarte
O Notfall-Telefonnummern der Banken
O Portmonee

Hygiene

O Haarbürste / Kamm
O Deo (klein)
O Shampoo
O Kulturtasche
O Sonnencreme
O Taschentücher

O Reise-Zahnbürste und Zahnpasta
O Verhütungsmittel

Kleidung

O Badeklamotten
O Gürtel
O Hosen kurz / lang
O Mütze / Cap / Hut
O Pullover
O Regenjacke
O Schlafanzug
O Socken
O Sonnenbrille
O Sportklamotten / Jogginghose
O T-Shirts
O Unterwäsche

Medikamente

O Blasenpflaster
O Anti-Durchfalltabletten
O Erste-Hilfe-Set

O Fiebertabletten

O Fiebertabletten

O Mückenschutz

O sonstige Medikamente

O Pflaster

O Kopfschmerztabletten

Unterlagen & Papiere

O ADAC Unterlagen

O Adresslisten für Postkarten

O Krankversicherungsnachweis

O Stadtplan

O Führerschein

O Unterlagen für die Unterkunft

O Wasserdichte Hülle für Reiseunterlagen

O Impfausweis

O Mietwagenunterlagen

O Personalausweis

O Reisepass

O Reisetagebuch

O evtl. Studentenausweis

O evtl. Visum
O Zug- / Bahn- / Flugticket

Taschen & Rucksäcke

O Koffer / Trolley / Reisetasche
O Regenhülle für Rucksack
O Rucksack

Schuhe

O Badeschlappen / Hausschuhe
O Schuhe und Wechselschuhe

Sonstiges

O Brille / Kontaktlinsen und Etui
O Buch zum Lesen
O Ohrenstöpsel und Schlafmaske
O Regenschirm
O Reisedecke
O Wasserflasche
O Wörterbuch

Elektronik

O Digitalkamera
O Handy
O Ladekabel
O Kopfhörer
O evtl. Steckdosenadapter
O Power-Bank

Herstellung und Verlag:
BoD – Books on Demand, Norderstedt
ISBN: 9783751900317

FSC

www.fsc.org

MIX

Papier aus ver-
antwortungsvollen
Quellen
Paper from
responsible sources

FSC® C105338